So wird es gemacht:

Öffne das mini LÜK®-Kontrollgerät und lege die Plättchen in den unbedruckten Deckel!
Jetzt kannst du auf den Plättchen und im Geräteboden die Zahlen 1 bis 12 sehen.

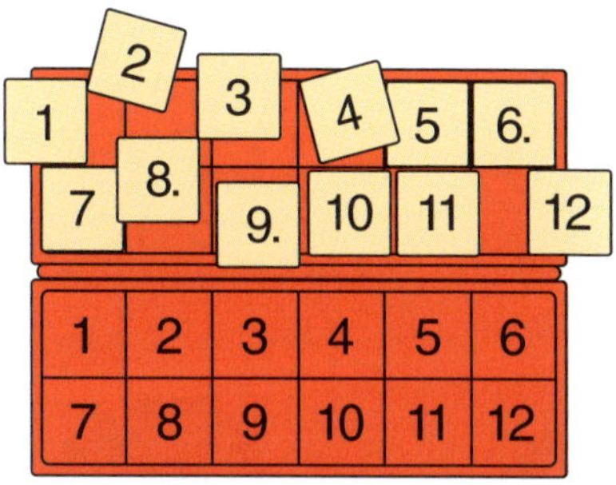

Beispiel: Seite 2 **A B C D E …**
Nimm das Plättchen 1 und sieh dir Aufgabe 1 an! Wer muss sich hier einordnen? Zwischen A und C gehört der Buchstabe B. Also gehört **Benno** an diese Stelle. Die 11 ist auch die Feldzahl im Kontrollgerät, auf die du das Plättchen 1 legen musst.
Lege also das Plättchen 1 auf das Feld 11 im Geräteboden!
Die Zahl **1** muss nach oben zeigen.

So musst du weiterarbeiten, bis alle Plättchen im Geräteboden liegen. Schließe dann das Gerät und drehe es um! Öffne es von der Rückseite!

Wenn du das bei der Übungsreihe abgebildete Kontrollmuster siehst, hast du alle Aufgaben richtig gelöst.

Passen einige Plättchen nicht in das Muster, dann hast du dort Fehler gemacht. Drehe diese Plättchen da, wo sie liegen, um, schließe das Gerät, drehe es um und öffne es wieder! Jetzt kannst du sehen, welche Aufgaben du falsch gelöst hast.
Nimm diese Plättchen heraus und suche die richtigen Ergebnisse!
Kontrolliere dann noch einmal!
Stimmt jetzt das Muster?
Das System ist für alle Übungen gleich: Die roten Aufgabennummern im Heft entsprechen immer den mini LÜK-Plättchen aus dem Kontrollgerät.
Die schwarzen Zahlen hinter den Lösungen sagen dir, auf welche Felder des Kontrollgerätes du die Plättchen legen musst.

Und nun viel Spaß!

W0223304

A B C D E F G H I J K L M N

Anna

1 ______

Clemens

2 ______

Emina

Felix

3 ______

Hanna

4 ______

5 ______

Katharina

Leonard

6 ______

Q R S T U V W X Y Z

Nikolas

7 ☐

8 ☐

Quirin

9 ☐

Sophie

Tobias

10 ☐

Veronika

11 ☐

Xenia

12 ☐

Zarah

P? T? K?

1. P 9 / T 10 / K 5 — apagei
2. P 2 / T 5 / K 6 — elefon
3. P 10 / T 2 / K 4 — ee
4. P 8 / T 6 / K 10 — augummi
5. P 11 / T 4 / K 8 — irsche
6. P 6 / T 1 / K 11 — ause
7. P 4 / T 3 / K 7 — olizei
8. P 1 / T 11 / K 12 — afel
9. P 3 / T 12 / K 1 — ind
10. P 7 / T 9 / K 3 — erze
11. P 5 / T 7 / K 2 — or
12. P 12 / T 6 / K 9 — insel

B? D? G?

1
B 5
D 3
G 2
är

2
B 2
D 6
G 3
eld

3
B 4
D 2
G 6
ose

4
B 6
D 8
G 4
anane

5
B 8
D 9
G 11
ild

6
B 12
D 4
G 1
elfin

7
B 9
D 11
G 12
eist

8
B 11
D 1
G 9
eburtstag

9
B 1
D 7
G 10
aum

10
B 7
D 11
G 8
ino

11
B 10
D 5
G 7
emüse

12
B 3
D 10
G 5
urst

Findest du die Mehrzahl?

1 Nest

2 Kind

3 Zwerg

4 Dieb

5 Fabrik

6 Tipp

7 Hund

8 Zelt

9 Lineal

10 Käfig

11 Boot

12 Tag

Diebe 4

Boote 5

Hunde 10

Kinder 1

Zelte 7

Tage 2

Tipps 8

Zwerge 6

Fabriken 12

Lineale 11

Nester 3

Käfige 9

1 Blatt

2 Korb

3 Wurst

4 Loch

5 Hand

6 Maus

7 Zug

8 Haus

9 Rad

10 Nuss

11 Baum

12 Schloss

Hier hat sich die Einzahl besser versteckt: Händ e.

Hände 6

Blätter 7

Bäume 11

Räder 5

Züge 8

Körbe 3

Häuser 9

Würste 12

Nüsse 1

Mäuse 4

Schlösser 10

Löcher 2

d oder t?

Sprich dir die Mehrzahl laut vor.
Dann hörst du den Unterschied:
Nester, Räder.

1 Nes

d 8
t 1

2 Ra

d 11
t 10

3 Hun

d 10
t 6

4 Zel

d 4
t 8

5 Boo

d 2
t 4

6 Han

d 6
t 5

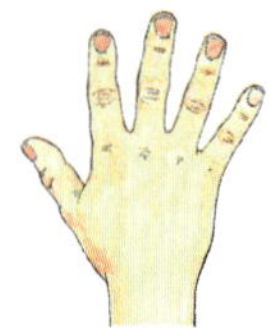

7 Wurs

d 3
t 2

8 Kin

d 5
t 9

9 Wan

d 9
t 7

10 Pfer

d 7
t 12

11 Hu

d 8
t 3

12 Klei

d 12
t 8

g oder k?

Sprich dir
die Mehrzahl laut vor.
Dann hörst du den Unterschied:
Tage, Schränke.

1 Ta___ k 8 g 3

2 Schran___ k 11 g 2

3 Käfi___ k 4 g 8

4 Zwer___ k 12 g 4

5 Fabri___ k 2 g 9

6 Zu___ k 10 g 12

7 Ber___ k 5 g 10

8 Kru___ k 7 g 5

9 We___ k 6 g 7

10 Fin___ k 9 g 1

11 Ban___ k 1 g 11

12 Bur___ k 3 g 6

e oder ä?

1 W_ge — e 7 ä 2

2 B_lle — e 10 ä 5

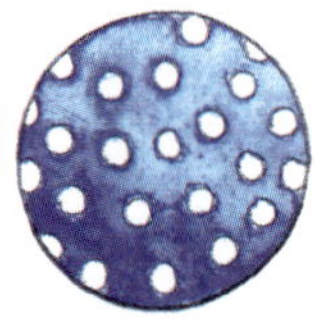

3 R_der — e 4 ä 10

4 B_rge — e 2 ä 8

5 Bl_tter — e 12 ä 4

6 H_nde — e 9 ä 12

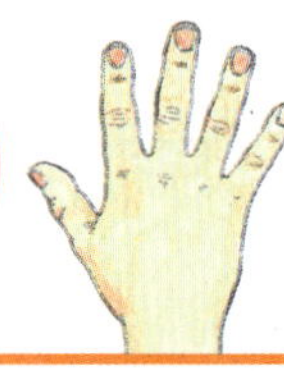

7 N_ster — e 8 ä 11

8 Z_lte — e 11 ä 1

9 W_nde — e 6 ä 9

10 Zw_rge — e 1 ä 3

11 Pf_rde — e 3 ä 7

12 Schr_nke — e 5 ä 6

eu oder äu?

Hier hilft dir die Einzahl:
Bäume - Baum,
Freunde - Freund.

1
B__me
eu 12 äu 11

2
Fr__nde
eu 7 äu 9

3
F__er
eu 9 äu 1

4
Tr__me
eu 3 äu 12

5
H__ser
eu 8 äu 3

6
Str__ße
eu 6 äu 8

7
R__me
eu 10 äu 6

8
B__tel
eu 1 äu 5

9
L__se
eu 4 äu 10

10
B__len
eu 5 äu 7

11
Str__cher
eu 2 äu 4

12
Z__ne
eu 11 äu 2

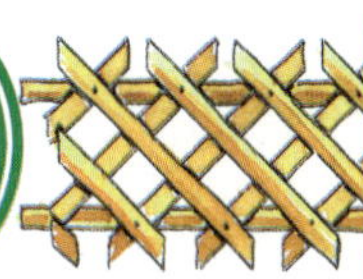

Geheimschrift

1 B◇ch

2 B△ll

3 H□s○

4 N□t○

5 G▽r△ff○

6 N△s○

7 N△g○l

8 B▽ld

9 Gl□ck○

10 H○x○

11 H◇p○

12 G△b○l

Auch **ä ö ü**
au ei eu
sind Selbstlaute.

1 B▯r

2 T▯r

3 K▯f▽g

4 N▽k□l□s

5 P△p△g□

6 F□○r

7 L▯w○

8 L▯ff○l

9 K▯n▽g

10 K□g◇mm▽

11 P□l▽z□

12 B□t○l

12

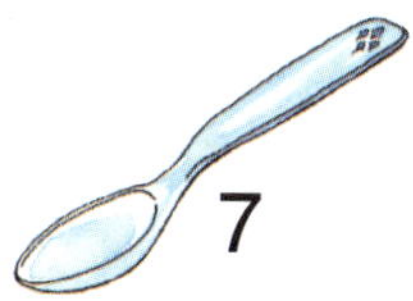

7

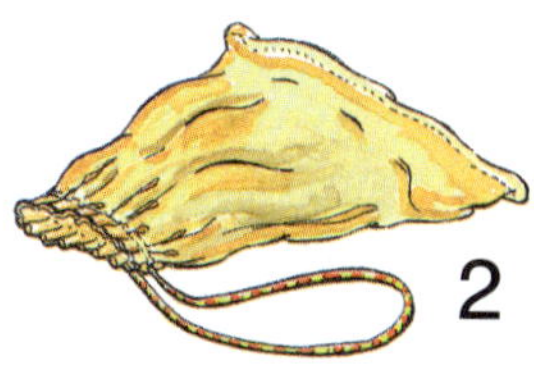

2

1

9

3

10

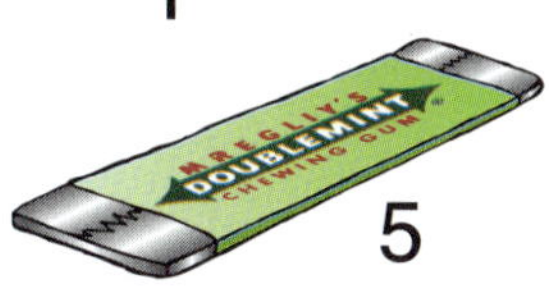

5

11

8

4

6

ss ll mm

1 _ _ s s

2 _ _ s s _ _

3 _ _ _ _ _ s s

4 _ _ s s _

5 _ _ _ _ s s _ _

6 _ _ l l _ _

7 _ _ _ _ l l _

8 _ _ l l

9 _ _ l l _

10 _ _ m m

11 _ _ m m _ _

12 _ _ _ _ _ m m _

Kaugummi 8

Nuss 10

Libelle 3

Tasse 9

Schloss 6

Kamm 4

Ball 7

Sessel 1

Pulli 5

Schüssel 12

Hammer 11

Teller 2

Lies die Wörter laut. Der Selbstlaut vor dem doppelten Mitlaut klingt immer kurz.

tt **nn** **ff**

1 ☐ ☐ t t

2 ☐ ☐ ☐ ☐ ☐ t t

3 ☐ ☐ t t ☐ ☐

4 ☐ ☐ ☐ ☐ ☐ t t ☐ ☐

5 ☐ ☐ ☐ t t

6 ☐ ☐ n n ☐

7 ☐ ☐ n n

8 ☐ ☐ ☐ n n ☐

9 ☐ ☐ ☐ f f ☐ ☐

10 ☐ f f ☐

11 ☐ ☐ f f ☐ ☐

12 ☐ ☐ ☐ ☐ ☐ f f ☐ ☐

Blatt 12

Spinne 7

Affe 9

Sonne 2

Bett 3

Löffel 11

Kartoffel 8

Tablett 1

Schlitten 4

Pfeffer 5

Butter 6

Mann 10

Am See

1 Die Flasche schwimmen im See.

2 Der Fisch schnappen nach Fliegen.

3 Lisa füttern die Enten.

4 Eine Ente fressen nichts.

5 Leonard fallen beinahe ins Wasser.

6 Murat können ihn gerade noch halten.

schwimmt 12 schnappt 8 fällt 3

frisst 11 füttert 9 kann 7

7 Das Feuer brennen schon gut.

8 Hanna grillen Würstchen.

9 Paul essen Brot und Salat.

10 Marie treffen ihre Tante.

11 Sie wollen gerne noch bleiben.

12 Aber sie müssen nach Hause.

grillt 2 muss 1 brennt 5

isst 10 will 4 trifft 6

Reimwörter

1 Keller 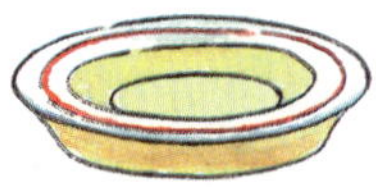

2 Puppe 

3 Stamm 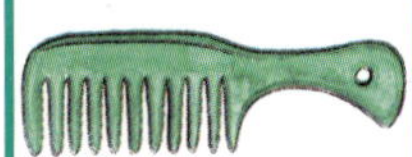

4 Tonne 

5 Kanne 

6 Tablett 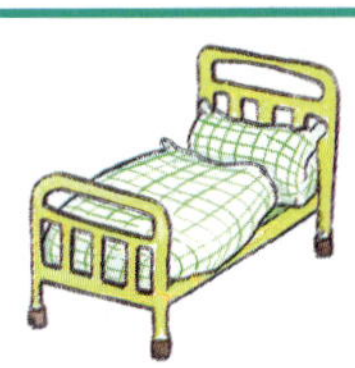

Sonne 8

Suppe 11

Pfanne 4

Kamm 10

Teller 7

Bett 12

Lies die Reimwörter laut. Der Selbstlaut vor dem doppelten Mitlaut klingt immer kurz.

7 Flüsse

8 Grüße

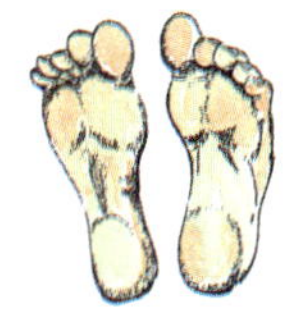

9 blass

10 fließen

11 weiß

12 Schluss

nass 9

Nüsse 2

heiß 3

Füße 5

gießen 1

Kuss 6

Suchsel: Wörter mit tz

	7	8	9	10				11	12	
1	J	Ö	S	E	T	Z	E	N	S	J
2	E	N	P	L	A	T	Z	K	I	Ä
3	T	E	I	W	S	C	H	A	T	Z
4	Z	T	T	I	P	F	Ü	T	Z	E
5	T	Z	Z	T	P	U	T	Z	E	N
6	M	Ü	T	Z	E	V	S	E	N	A

Platz 5

sitzen 6

jetzt 8

Schatz 4

Pfütze 2

Witz 1

setzen 7

spitz 3

putzen 10

Katze 9

Netz 11

Mütze 12

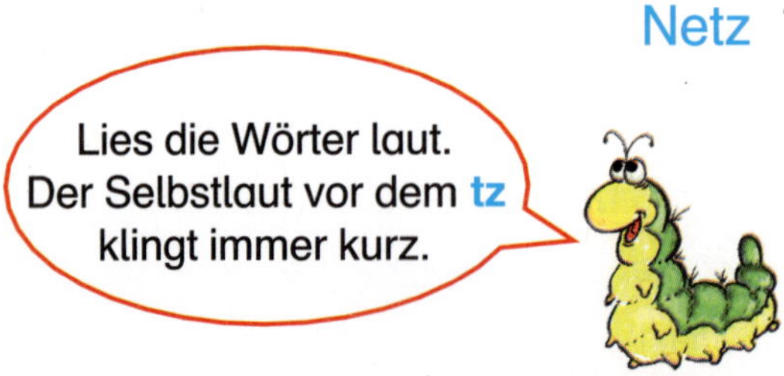

Suchsel: Wörter mit ie

	7	8				9	10		11	12
1	S	I	E	B	B	N	S	R	V	P
2	C	K	L	I	E	D	I	A	I	A
3	H	N	L	M	V	I	E	R	E	P
4	I	I	Z	W	I	E	B	E	L	I
5	E	E	O	B	R	I	E	F	Z	E
6	F	L	I	E	G	E	N	M	V	R

Sieb 9

fliegen 2

sieben 3

Lied 1

vier 6

die 5

viel 11

schief 4

Knie 7

Zwiebel 10

Papier 8

Brief 12

Tier-Namen-Silben-Rätsel

1 Ti

sel 1

2 E

fe 8

3 En

ne 12

4 I

5 Lö

ger 11

6 Af

te 4

7 Hen

we 10

gel 6

8 Hams

mel 2

9 Flie

ter 7

10 Rau

ge 3

11 Zeb

pe 5

12 Ka

ra 9

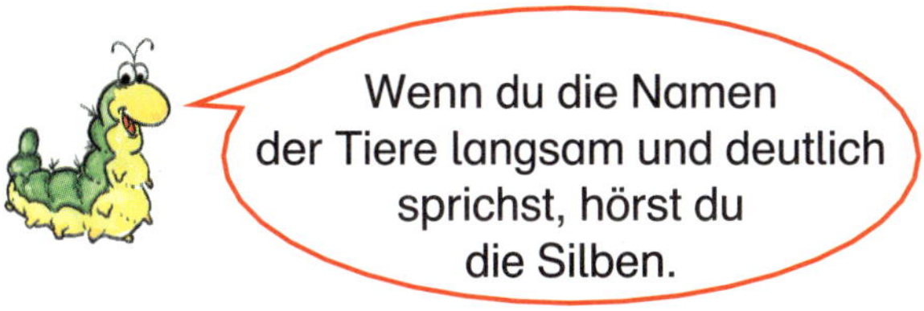

			1 Silbe	2 Silben	3 Silben
1		Krokodil	11	10	1
2		Maulwurf	8	11	10
3		Wal	10	4	8
4		Seehund	4	8	6
5		Kaulquappe	5	6	4
6		Maus	6	2	9
7		Kuh	2	5	11
8		Papagei	9	7	5
9		Vogel	7	9	2
10		Giraffe	3	12	7
11		Elefant	12	1	3
12		Pelikan	1	3	12

Wort bau steine

1. an 3 / aus 11 — fangen

2. aus 4 / auf 8 — wecken

3. ver 11 / ein 5 — leihen

4. ein 2 / auf 4 — wachen

5. aus 5 / vor 1 — brechen

6. ver 1 / ein 10 — petzen

7. ver 10 / auf 6 — schlafen

8. aus 12 / ein 2 — kaufen

9. ab 6 / ver 9 — spülen

10. auf 9 / vor 3 — räumen

11. aus 7 / ver 12 — bieten

12. ein 8 / an 7 — melden